RELATION

TRÈS-EXACTE

DES ÉVÉNEMENS

Du 5 & du 6 octobre,

PAR UN TÉMOIN OCULAIRE ET DÉSINTÉRESSÉ.

AVANT-PROPOS
DE L'ÉDITEUR,
NÉCESSAIRE A LIRE.

Cette relation fut écrite précipitamment, & envoyée en province deux ou trois jours après les événemens dont elle contient le récit ; les écrits que M. Lecointre a publiés depuis, nous ont fait faire quelques réflexions qui feront l'objet de cet avant-propos.

Les entreprifes difficiles font le partage des grands courages ; ils trouvent dans la noble ambition de les furmonter un nouveau moyen de déployer toute leur énergie. M. Lecointre, lieutenant-colonel de la milice de Verfailles, nous paroît difpofé à juftifier cette remarque ; fes efforts furnaturels pour difculper le corps qu'il commande d'une imputation généralement accréditée, & le choix de fes moyens, ne peut laiffer aucun doute à cet égard.

Il en eft un cependant dont M. Lecointre n'a point fait ufage, & qui paroît feul capable de faire connoître qui des gardes-du-corps ou des miliciens ont tiré les uns fur les autres. L'ardent patriotifme de cet officier, & l'intérêt qu'indépendamment de fa caufe il eft perfonnellement fait pour infpirer, ne nous permettent point de lui diffimuler ce moyen, qui, par fa fimplicité, devenoit fenfible à tout efprit médiocre ; mais il devoit naturellement échapper à M. Lecointre, dont le vol audacieux s'eft trop confidérablement élevé pour appercevoir ce qui frappe le commun des hommes.

Si fon génie mefure les objets à une aune bien fupérieure au compas de notre intelligence, nous aurons en dédommagement la fatisfaction de le voir defcendre jufqu'à nous, de diriger, pour ainfi dire, fes efforts, en lui montrant la route qui feule peut le conduire au but qu'il fe propofe : profitant de ce moment précieux que nous accordera fa magnanimité, nous lui rappellerons certains faits que fon zele archi-patriotique a tout-à-fait banni de fa mémoire. Un inftant d'erreur eft bien pardonnable aux premiers mouvemens d'une grande ame, qui, jufqu'alors refferrée dans les minces détails d'un comptoir, fe voit tout-à-coup, & par une révolution inattendue, lancée dans fon élément naturel, où elle participe à fixer les deftinées du plus bel empire de l'univers : fon exaltation même n'eft que le produit du fentiment de fa force & de fa dignité. Nous faifirons ici l'occafion de réfuter les envieux, qui affectent de croire M. Lecointre bien étranger aux fonctions à lui confiées, comme fi le véritable génie ne s'élevoit pas, ne fe plioit pas à tout : qu'un exemple frappant confonde leur baffe jaoufie ! Rome enleva Cincinnatus à la charrue, pour en faire un général d'armée : dans des circonftances non moins preffantes, la patrie peut donc enlever M. Lecointre à la diftribution des toiles de fon magafin, pour en faire un lieutenant-colonel ; & par ce choix, qui l'honore à l'égal de celui qui en eft l'objet, imiter ce peuple roi, qui fit trembler l'univers par fes armes victorieufes.

Ce grade éminent doit non-feulement effacer de l'efprit du moderne Cincinnatus le fouvenir de ce qu'il fut jufqu'au moment de fon afcenfion, mais encore rendre plus irritable fon extrême ſenſibilité ſur l'honneur, lorſqu'on attaque celui de la troupe qu'il commande : auſſi voit-on ce chef intrépide s'agiter en tous ſens, employer tour-à-tour, & ſouvent tout-à-la-fois, l'impétuoſité de ſon éloquence, les foudres de ſa logique, la terreur de ſes armes, les puiſſans reſſorts du numéraire, l'influence de ſes autres moyens, & l'appareil formidable des formes judiciaires, pour laver une tache dont ſes efforts même prouvent qu'il partageoit l'opprobre. Mais le moyen annoncé, en lui épargnant bien des ſoins inutiles, lui laiſſera la liberté de déployer ſes ſinguliers talens dans une carriere plus brillante.

Ce n'eſt pas qu'il n'y ait en ſa faveur des probabilités dont nous ſommes loin de méconnoître la force ; ainſi, par exemple, M. Lecointre peut dire : « Il eſt certain qu'il y a eu des coups tirés ; » mais la milice n'a pu ſe rendre coupable de » cette abominable trahiſon : peut-on *ſuppoſer* » qu'un corps formé ſous les yeux du roi, qui » en a reçu ſes drapeaux, qui n'exiſte que par lui » & pour lui, qui ne vit que de ſes bienfaits, ſe

» foit réuni à la plus exécrable populace de la
» ville du monde la plus corrompue, pour affaf-
» finer les plus fideles fujets de ce reftaurateur
» de la liberté françoife, fes gardes, qui dans
» ce moment facrifioient leurs jours pour la sû-
» reté de ce monarque adoré, à la confervation
» duquel le bonheur de la France eft attaché ; ces
» mêmes gardes qui, fans ordres, & de leur
» propre mouvement, volerent à notre fecours
» quelques femaines avant, & dégagerent plu-
« fieurs d'entre nous, faifis par des brigands,
» dans cette nuit effrayante où nous courrions
» tumultueufement aux armes, fans favoir où
» donner de la tête ? Eft-il probable, dis-je,
» qu'après avoir été en troupe témoigner, jurer
» une reconnoiffance éternelle à ce refpectable
» & feul corps exiftant de la maifon du roi,
» après avoir fraternifé, accepté fes repas, nous
» ayions pu deux jours après l'affaffiner auffi lâ-
» chement, lorfqu'il n'étoit armé que pour dé-
» fendre la plus chere de nos poffeffions ? Un tel
« forfait eft d'une impoffibilité fi abfolue, que
» nous rougirions de nous en défendre ».

Et, relevant cette tirade par une comparaifon

romaine, Cincinnatus Lecointre pourroit s'affi-
miler à Scipion (1).

D'un autre côté, les gardes-du-corps ou leurs
ayans-caufe diront : « Eſt-il probable qu'un corps
» diſtingué dans tous les tems par fon courage,
» fa générofité, fa fidélité, & toutes les vertus
» du plus parfait héroïfme, foit tout-à-coup de-
» venu l'affaffin de la milice de Verfailles, armée
» pour la même caufe ? Hé quoi ! des militaires
» qui pendant fept à huit heures effuient, avec
» une conftance dont on n'avoit point encore
» d'idée, les infultes de tout genre dont les ac-
» cablent quelques méprifables forcenés, voient
» tomber, périr, maffacrer à leurs yeux leurs
» camarades, leurs amis, reçoivent eux-mêmes
» des bleffures fans fe permettre la moindre
» vengeance, fans vouloir ufer d'une défenfe
« auffi néceffaire que légitime, fans perdre de
» vue un feul inſtant le motif important d'une

---

(1) On fait que Scipion, accufé, dit pour toute réponfe, qu'à pareil jour il avoit remporté une grande
victoire, & qu'il falloit en aller rendre graces aux dieux :
c'eſt ce que pourroit faire M. Lecointre le 5 octobre 1790.

» aussi sage retenue, auroient eu l'inconcevable
» folie d'attaquer ceux qui devoient naturelle-
» ment les défendre ! Oubliant leurs propres
» intéréts, après avoir ménagé des brigands,
» s'être portés avec confiance à vingt-cinq pas,
» & sous le feu de l'artillerie milicienne, ils
» auroient eu la lâcheté délirante d'assassiner
» cette milice pour laquelle ils s'étoient exposés
» quelques jours avant, & sur le secours de
» laquelle ils devoient compter à tant de titres » !

On ira plus loin ; on interpellera Cincinnatus
lui-même ; on lui dira : « N'étiez-vous pas en
» *personne* devant les casernes vers les 4 heures,
» lorsqu'un de vos soldats signala son patriotisme
» sur M. de Savonieres, qui ne lui faisoit aucun
» mal ? Ne vîtes-vous pas partir le coup ? Ne
» vous emportâtes-vous pas avec la derniere
» violence contre les gardes-du-corps, à la tête
» de leur premiere ligne ? Celui qui les com-
» mandoit ne vous répondit-il pas avec une mo -
» dération bien faite pour atténuer votre fureur
» nationale ? Ne rejettiez-vous pas sur ces mes-
» sieurs toute l'atrocité d'un coup dont ils étoient
» victimes ? Une personne désintéressée ne s'a-

» vança-t-elle pas vers vous pour vous repré-
» fenter que cette véhémente explofion ne pou-
» voit qu'animer & divifer ceux qui pour l'in-
» térêt commun devoient refter unis » ?

Voilà ce qu'on pourra dire à M. Lecointre, pour rappeller fa mémoire égarée par l'enthoufiafme de l'honneur ; & ce fentiment anime trop puiffam-ment un lieutenant-colonel de la milice de Ver-failles ; il fe refpecte trop, pour ne pas rendre hommage aux vérités dont il avoit perdu la trace.

Dans ce conflit de probabilités oppofées, le moyen que nous avons promis peut feul diffiper toutes les incertitudes. Ce n'eft pas que le ca-ractere connu & le grade élevé de Cincinnatus Lecointre ne donne à fon témoignage une au-thenticité bien fupérieure à celui des gardes-du-corps ; mais, outre qu'il eft trop généreux pour ne pas rejetter un pareil avantage, il n'eft point dans l'ordre qu'une partie foit feule juge dans fa caufe : & fi M. Lecointre perfifte à fuivre l'ufage qui depuis quelques jours femble vouloir confacrer le principe contraire, nous en appellerons de Philippe ivre à Philippe à jeûn, quoique l'ivreffe patriotique de ce nouveau Philippe ne femble pas de nature à finir encore.

Si fon activité, fa dextérité, fa prodigalité, fa populacité, attirent à lui la foule empreffée & féduite par l'éclat de fes vertus ; s'il eft conftant que la voix du peuple eft la voix de Dieu, nous ne difputerons point à M. Lecointre la faculté de faire des miracles, l'abondance de fes moyens, & fur-tout la fameufe journée des drapeaux (1) ne laiffe aucun doute à cet égard ; mais le miracle qu'il entreprend aujourd'hui paroît au-deffus de fa fuprême puiffance, au point, que le doigt même de Dieu feroit infuffifant pour l'opérer : en effet, comment faire que *ce qui a été, n'ait point été ?* Le feul miracle auquel Cincinnatus doive prétendre, & qui certes n'eft pas mince aujourd'hui, eft de découvrir la vérité :

---

(1) La maniere dont les membres du fouverain qui regne à la Halle, fe montrerent alors pour M. Lecointre, prouve tout fon talent pour les négociations, & l'ufage honorable qu'il fait de fa profonde connoiffance du cœur humain. Cependant la calomnie, qui attaque toujours les grands hommes, a vomi contre lui dix-fept chefs d'accufation, dont quatorze fur-tout lui font un honneur infini.

en voici le moyen, que nous avons long-tems fait attendre, pour qu'on le defirât davantage.

Rejettant toutes preuves négatives, tous témoignages intéreffés, il faut que M. Lecointre follicite & n'admette que ceux des gens *neutres qui certifieront avoir vu*, & fur-tout qu'il affure *la vie & la liberté des dépofans*. J'offre d'en fournir une foule d'irréprochables à ces conditions; fi elles font acceptées, M. Lecointre voudra bien m'en inftruire par la voie du Mercure, fon intime, à qui il dicte ces admirables rétractations, où l'on voit en toutes lettres *« que les affaffins » des gardes-du-corps avoient pénétré dans le châ-» teau A LA FAVEUR DE L'ORDRE QUI RÉ-» GNOIT DANS LES TROUPES DE PARIS ET » DE VERSAILLES »*. S'il veut en conféquence m'affigner un rendez-vous pour prendre des mefures relatives aux informations qu'il doit defirer, je m'y trouverai, pourvu qu'il n'y paroiffe point accompagné de fon cortege ordinaire, la populacité n'étant point de mon goût.

Je ne finirai point fans relever un trait de magnanimité de M. Lecointre, qui ne doit pas refter dans l'oubli. Se trouvant avec un capi-

taine de dragons, ils eurent enſemble, au ſujet
important d'une cocarde, un petit *diſſentiment*,
d'où réſulta un grand *reſſentiment*; M. Lecointre
parla *vivement , dignement , tellement* , que l'autre
ſe crut obligé de lui manquer *eſſentiellement* ,
afin de lui donner occaſion de déployer ſon courage : il l'y invita même de la maniere la plus
preſſante. Quelle ſituation ! .... M. Lecointre,
ſtimulé d'un côté par l'éguillon de l'honneur,
brûlant de ſaiſir cette premiere occaſion de
ſignaler une valeur joſqu'alors inconnue, de
punir la téméraire audace d'un dragon ariſtocrate; de l'autre, la voix de la patrie reten-
tiſſoit dans ſon cœur, lui dictant impérieuſe-
ment la loi de ſe vouer tout entier à ſes deſtins,
que fit M. Lecointre? Ce qu'il fit? ... il fit
comme Turenne; il traita l'ariſtocrate en élec-
teur palatin; il préféra la gloire douce, pure
& durable de ne point haſarder des jours précieux à la nation ſans ſon conſentement : &
cette réſolution fut telle, qu'Achille lui-même
ſeroit venu le défier , ſans pouvoir le déterminer
au combat. L'ariſtocrate, voyant ſa provoca-
tion ſans ſuccès , croyant même appercevoir

dans M. Lecointre le deſſein de le livrer à la juſtice févere & expéditive de ſes cliens, dont les rues ſont toujours pleines, ſe retira en prononçant quelques paroles que les vents emporterent au loin dans les airs.

RELATION
TRÈS-EXACTE
DES ÉVÉNEMENS
Du 5 & du 6 octobre,

PAR UN TÉMOIN OCULAIRE ET DÉSINTÉRESSÉ.

A M. ***.

M.

Je fais trop l'impreffion qu'éprouvera votre
ame fenfible à la lecture de cette relation, pour
vous faire une peinture exagérée des faits qu'elle
contient ; il feroit même impoffible de vous en
donner une jufte idée : il faut les avoir vus pour
les concevoir, ces événemens qui feront une
époque honteufement mémorable dans les faftes
de notre monarchie. Des journaliftes timides ou
foudoyés, d'autres, abufés par des rapports
inexacts ou partiaux, ne manqueront pas d'en
rendre compte fous l'influence qui les dirige.
Les actions les plus fimples font diverfement

interprétées , selon les paſſions de ceux qu'elles
intéreſſent , ou qui veulent y trouver des prétextes à leurs deſſeins : les gens même les plus
indifférens s'égarent ſouvent dans le vague des
conjectures. Sans chercher à développer ici la
véritable cauſe des ſcenes ſanglantes dont Verſailles vient d'être le théatre , je me bornerai
à vous expoſer dans toute leur intégrité les faits
paſſés ſous mes yeux , & ceux que gens dignes
de foi m'ont certifiés ſur les lieux même , qui
en offroient la preuve inconteſtable.

Meſſieurs les gardes du roi , ainſi que toute
l'armée , étoient dans l'uſage de donner le repas
de corps aux troupes arrivantes à leur garniſon ;
ils ne crurent pas devoir s'en diſpenſer envers
le régiment de Flandres : la milice de Verſailles
fut invitée à ce repas (1).

Dans ces inſtans de gaieté bruyante , inſépa-
rable de ces ſortes de fêtes , & qu'un honorable
député , homme de robe , accoutumé au ſilence
du cabinet , a bien voulu qualifier d'*orgie ſcanda-
leuſe* dans l'aſſemblée nationale , il ſeroit rigou-
reuſement poſſible qu'en particulier , un ou pluſieurs individus , convives ou autres , ſe fuſſent
permis des propos que leur légéreté & la cir-
conſtance rendroient plus excuſables ; mais ,

____

(1) Voyez la note, lettre B à la fin.

outre qu'il eſt abſolument faux que meſſieurs
les gardes du roi aient tenu, ni collectivement,
ni individuellement, ceux qu'une malignité ré-
fléchie leur attribue, il feroit encore de toute
impoſſibilité qu'on les eût entendus ; car, dès
l'inſtant qu'on eût porté la ſanté du roi, les cris,
les applaudiſſemens répétés par le grand nombre
de ſpectateurs qui rempliſſoient les loges, con-
tinuerent *ſans interruption*, augmenterent même
juſqu'à la ſortie de la ſalle d'opéra, qui étoit le
lieu de la ſcene.

On alla danſer ſous les fenêtres du château ;
c'eſt là, ou dans le château même, qu'un chevalier de Saint-Louis eut avec un officier de la
milice nationale, à propos d'une cocarde, une
querelle particuliere, qu'on a fauſſement attri-
buée à un autre chevalier de Saint-Louis, retiré
depuis long-tems des gardes du roi, & dont on
a fini par accuſer le corps entier : & parce qu'un
milicien eſt moleſté par un homme qui a de l'air
d'un ancien garde du roi, on proſcrit, on forme
le deſſein de maſſacrer tous les individus de
ce corps.

Il eſt évidemment faux que ces meſſieurs aient
tenu des propos contre qui que ce ſoit ; qu'ils
aient arraché des épaulettes, des cocardes nationales ; qu'ils en aient arboré de noires ; il eſt
au contraire de notoriété publique qu'ils n'ont

jamais porté que celles preſcrites par les ordon-
nances, qu'ils ne pouvoient enfreindre : on en
appelle ſur tous ces faits au témoignage de tous
les militaires & gens honnêtes de la ville de
Verſailles, préſens à cette fête..

. De ſix cents gardes du roi, quatre-vingts
ſeulement furent de ce repas; on donna pour
les autres un déjeûner, auquel la milice de Verſailles fut encore invitée : la même gaieté ca-
ractériſa ce repas. M. de Peru, parent de M. Du-
cis, académicien, & membre de la milice de
Paris, s'étant préſenté en uniforme, il reçut
l'accueil le plus flatteur : on l'éleva même dans
les bras, criant : *vive la milice nationale*. Il eſt clair
que ſi celle de Verſailles avoit eu à ſe plaindre
des gardes du roi, elle ne ſeroit point venue
déjeûner à leur hôtel.

En rempliſſant un devoir d'uſage militaire,
ces meſſieurs n'oublierent point que le ſpectacle
de la joie pouvoit affliger les malheureux : en
conſéquence, ils conſacrerent au ſoulagement
des pauvres 6000 livres, qui devoient être re-
miſes aux curés de Verſailles le jour même où
les gardes du roi furent victimes d'une férocité
juſqu'alors inconnue.

Cependant, les fauſſetés qu'on vient de réfuter s'accréditerent par les rapports inſidieux
de gens mal intentionnés, & ſur-tout par la

(19)

publicité que leur donna l'auteur du Courrier
de Versailles, en les consignant dans son jour-
nal ; elles exciterent des mouvemens au Palais-
Royal ; on arracha, même à des étrangers, les
cocardes noires, qui commençoient à devenir
moins rares ; on affecta de croire que les aristo-
crates (1) vouloient asservir la capitale, comme
si, avec mille hommes, presque tous subornés
par le peuple, on pouvoit entreprendre, actuel-
lement qu'elle est remplie d'armes, de troupes
& de chefs, ce qu'on n'auroit pu exécuter avec
trente mille lorsqu'elle en étoit dépourvue ;
comme si la publicité d'un tel repas n'excluoit
pas toute idée de desseins dangereux ! Ajoutez
que le ministre venoit d'envoyer six mille fusils
pour armer les Parisiens.

La populace, qui sans cesse est le jouet de
ceux qui ont l'abominable talent de l'abuser,
ces femmes, que certains journalistes profon-
dément civils appellent *dames de Paris, ver-
tueuses citoyennes, héroïnes françaises,* courent
en foule à l'hôtel-de-ville, s'emparent des armes,
du canon, &, sous prétexte des prétendues cocardes noires & de la rareté du pain, elles
marchent contre Versailles, menaçant particu-

____

(1) Ce mot, devenu cabalistique, fait une grande for-
tune à ceux qui savent l'employer à propos.

B 2

liéremens les gardes du roi. Les grenadiers nationaux, impatiens de suivre ce bataillon femelle, pressent M. de la Fayette de partir; la populace lui montre le chemin de Versailles, ou celui de la lanterne : il reçoit les ordres du comité, fait ses dispositions pour le départ, & on l'entraîne.

Les femmes qui étoient en route, dont la plupart étoient les maîtresses des ci-devant gardes-françaises, c'est-à-dire, le plus vil rebut de la plus vile crapule des plus sales rues de la plus dégoûtante cité de l'univers, avoient marché précipitamment, & gagné au moins six heures sur M. de la Fayette; elles avoient à leur tête quelques volontaires de la Bastille & quelques bandits armés de piques, massues, bâtons ferrés, &c. Cette singuliere avant-garde étoit si méprisable, qu'une vingtaine de soldats l'eût facilement dissipée : telle étoit cependant la troupe qui devoit attaquer & forcer le roi de France dans son château....

Dès 4 heures après midi, ces poissardes couvrent la place d'armes de Versailles, forcent l'entrée de la salle nationale, remplissent la barre, siégent avec les députés, disputent avec le président, le menacent de la lanterne, font changer l'ordre du jour, forcent les délibérations, & ne se retirent qu'après avoir obtenu ce qu'elles defiroient : plûfieurs d'entr'elles étoient armées de fabres, & l'on voyoit des piftolets fous le mouchoir deftiné à couvrir leur gorge.

La milice de Verfailles ayant pris les armes, occupoit, avec fon artillerie, l'efplanade entourée de barrieres qui eft devant les cafernes des gardes-françaifes; les gardes du roi, en bataille devant la premiere grille, étoient à vingt-cinq pas, & précifément fous le feu de cette artillerie : leur confiance prouve affez qu'ils n'avoient rien à fe reprocher envers la milice. Dans cette pofition, ils effuient fans rien dire les infultes d'une populace furieufe, enhardie encore par leur modération; quelques-uns offrent du pain qu'ils ont mis dans leurs poches en fortant précipitamment de table pour monter à cheval; d'autres préfentent leur bourfe : on leur répond *qu'on veut bien autre chofe*.

Un homme dont l'air effaré, le gefte & le maintien annonçoient un mauvais deffein, fe préfente le fabre nu, paffe malgré les gardes, qui ne voulurent lui faire aucun mal, à travers leurs deux rangs de cavalerie : prévenus qu'on vouloit couper les jarrêts de leurs chevaux, un maréchal-des-logis s'avance, & veut faire retirer cet homme, qui, pour toute réponfe, s'efforce de lui plonger fon arme dans le corps. Un mouvement heureux fauve le maréchal-des-logis,

qui , pour éviter un second coup , frappe le bri-
gand du plat de son sabre , l'étourdit , & le fait
reculer. M. de Savonieres , lieutenant , arrive
pour le prendre , & le presse avec son sabre sans
vouloir le tuer : l'homme se sauve dans une ba-
raque. Alors plusieurs miliciens de Versailles
ajustent , à cinq ou six pas de distance , ces
messieurs , qui se retiroient ; un fusil brûle l'a-
morce ; l'autre part , & casse le bras à M. de
Savonieres (1). C'est à dix pas de moi , & vers
les 4 heures & demie , que s'est commis cet
assassinat.

Chaque fois qu'un ou plusieurs gardes venoient se joindre à leurs camarades , chaque
détachement qu'ils envoyoient sur l'avenue , étoit
assailli par cette poignée de brigands , dont les
hurlemens affreux annonçoient au loin la fureur
qui les animoit. Les gardes blessés , prêts à
périr sous les coups de pierre , de piques , sous
les coups de fusil , ne se sont jamais permis la
moindre vengeance , n'ont opposé à leurs assas-
sins qu'une inébranlable fermeté. On conçoit
aisément les motifs de cette généreuse retenue ;
personne n'en a mieux apprécié le mérite que
M. de la Fayette. *Je l'ai entendu*, vers les 2 heures
après minuit, dans la salle du roi , témoigner

____

(1) Voyez la note D , à la fin.

à ces meſſieurs, dans les termes les plus tou-
chans, combien il en étoit pénétré.

Ceux qui étoient à cheval demeurerent ainſi
expoſés depuis 4 heures juſqu'à 10 ou 11 heures
du ſoir. Un détachement, en traverſant la place
d'armes pour ſe réunir à la troupe, reçoit une
décharge des Pariſiens, qui lui bleſſe du monde ;
en arrivant, il eſt accueilli, par la milice de
Verſailles, d'un feu de mouſqueterie qui bleſſe
encore pluſieurs perſonnes. On aſſure que vers
les 8 heures & demie quelques balles allerent
vers cette milice ; mais elles venoient de la
populace qui entouroit les gardes-du-corps, &
vouloit en ſéparer quelques-uns, pour les maſſacrer plus à ſon aiſe, quand ils alloient vers la
rampe : pluſieurs miliciens conviennent de ce
fait. Aucun d'eux ne fut bleſſé ; un ſeul reçut
à la jambe une égratignure, par un éclat de
bois qu'une balle milicienne enleva de l'aſſût
d'un canon : car, dans leur aveugle fureur, pluſieurs miliciens faillirent tuer leurs camarades ;
quelques-uns d'entr'eux s'expoſerent beaucoup
en voulant empêcher les autres de tirer ſur les
gardes : en vain M. d'Eſtaing, leur général,
ſe mit au-devant de leurs coups, ils tirerent
également. Pour calmer leur rage, il leur cer-
tifie que l'hiſtoire des cocardes eſt fauſſe, que
meſſieurs les gardes ſont prêts à prendre la cocarde

nationale : on s'écrie qu'ils ne font pas dignes de la porter, & l'on continue à tirer. Ainſi, j'ai vu les gardes fideles du plus juſte, du meilleur des rois, le ſeul corps exiſtant de cette maiſon à qui la France a dû tant de triomphés, aſſailli à-la-fois par la milice, la populace de Verſailles & celle de Paris, dans un moment où des circonſtances impérieuſes lui interdiſent toute défenſe. On n'a-voit point encore l'idée d'une pareille poſition ; & ſans leur contenance ferme, qui empêcha qu'on ne les rompît, la pluie qui mouilloit la poudre des fuſils dirigés contre eux, la poſition que le duc de Guiche (1) leur fit prendre dans la cour des miniſtres, ce qui favoriſa leur retraite vers le parc, quand le roi l'eut ordonnée, il eſt probable que ces meſſieurs auroient preſque tous péris. La milice voulut faire feu ſur eux de ſon artillerie, chargée à mitraille ; on fit même de violentes menaces au canonnier qui refuſoit de pointer : il alloit être victime de ſa réſiſtance, s'il n'eût clairement démontré que le régiment

____

(1) Je crois avoir apperçu ce capitaine deux ou trois fois, & ne le connois que par la faveur qui, ſelon l'uſage, lui a ſuſcité tant d'ennemis ; mais il eſt fugitif, proſcrit, malheureux, & nous lui devons la juſtice de dire hautement que toute ſa conduite, en cette occaſion, mérite les plus grands éloges.

de Flandres, placé vis-à-vis, souffriroit autant que les gardes d'une pareille décharge (1).

Il feroit injuste de confondre avec cette partie de la milice nombre de citoyens fort honnêtes, qui, loin de justifier leurs camarades, n'en parlent qu'avec horreur; ils emploieront sans doute tous les moyens possibles pour purger leur corps de ces lâches meurtriers, ou ils en quitteront l'uniforme : plusieurs officiers ont eu les bras meurtris en levant les fusils qui tiroient sur les gardes.

Durant cette funeste journée, où l'on insultoit à la majesté royale, & conséquemment à la nation ; où l'on violoit les droits les plus sacrés de l'homme & du monarque : où des mains sacriléges alloient anéantir les foibles débris d'un trône dont les mandataires de la nation étoient chargés de reconnoître & maintenir la dignité, l'assemblée nationale s'occupoit à députer vers le roi, pour lui faire sanctionner ses précédens décrets (2); il voulut s'environner de ses conseils

---

(1) On assure qu'un canonnier, ayant reçu depuis peu un service essentiel d'un brigadier des gardes du roi, promit d'en témoigner *sous peu de tems sa reconnoissance*, & s'acquitta ce jours-là.....

(2) Il est remarquable qu'on alla lui demander précisément l'acceptation *des droits de l'homme*, qui, dans ce moment, étoient & alloient être encore plus violemment

dans une circonstance aussi critique : on délibéra si l'on tiendroit la séance au château ; M. de Mirabeau s'y opposa avec son succès ordinaire (1).

Je ne me permettrai aucune réflexion sur l'ignorance où l'on paroissoit être au château du nombre des Parisiens qui étoient en marche, & de leurs projets, sur l'irrésolution de certains courtisans, la sécurité apparente des autres ; mais je dois rendre justice à nombre de personnes qui, sans service & sans ordre, arriverent auprès du roi pour le défendre : ne voyant aucun plan décidé, &, bien persuadées que s'il se retiroit, on massacreroit tout ce qui seroit dans le château, elles n'en desiroient pas moins la fuite du monarque & des personnes violemment menacées. On voulut effectivement le faire évader avec la famille royale ; mais la milice de Versailles arrêta & ramena les voitures : il se détermina à attendre M. de la Fayette, qui, aprés une conférence avec sa majesté, fit prendre sans opposition, par les ci-devant gardes-françaises, les postes qu'ils

---

outragés par le pouvoir exécutif suprême, que la populace exerçoit alors dans toute sa plénitude.

(1) Eh ! sous quel prétexte, bon Dieu ! Ce ne pouvoit être la crainte de l'influence ministérielle sur les délibérations de l'assemblée : quant à sa dignité, elle pouvoit bien aller au château, ayant été au jeu de paume.

occupoient avant leur défection. Un détachement de la milice parisienne prit possession de l'hôtel des gardes-du-corps : quinze ou vingt de ces messieurs, qui en faisoient la garde, reçurent les Parisiens avec une honnêteté qui les étonna ; ils leur offrirent des rafraîchissemens, qui furent acceptés avec une reconnoissance au moins apparente.

La députation des poissardes s'étant retirée très-satisfaite, les troupes nationales n'ayant éprouvé nulle opposition, il sembloit qu'à cette nuit désastreuse devoit succéder un jour moins orageux ; mais le peuple couvoit sa fureur, & ne la suspendoit que pour la faire éclater avec plus de violence, & en assurer mieux les effets. Dès 5 heures du matin, cette populace effrénée parcouroit le château ; les gardes-françaises, plus jaloux d'occuper leurs postes que fideles à les garder, avoient laissé pénétrer les brigands par la grille de la cour des princes, si aisée à fermer ; d'où, passant dans la cour royale, ils monterent par l'escalier du roi. Le haut de cet escalier, qui fait plusieurs coudes en allant vers l'œil-de-bœuf, est garni d'une espece de parapet, d'où l'on dé-couvre, en plongeant, tous les retours de l'es-calier ; de maniere que cent-cinquante gardes, qui bordoient ce parapet, auroient fait périr bien du monde, seulement en laissant tomber

(28)

fur les affaillans une quantité de gros bancs &
autres meubles, qu'ils avoient fous la main : ils
ne tirerent pas un feul coup ; ils ne firent aucun
mal ; ils eurent la conftance héroïque de n'oppofer
que leur préfence à ces tigres altérés de leur fang.
Plufieurs de ces meffieurs, bleffés, entraînés dans
dans la falle de la reine, entendant les projets
horribles qu'on formoit contre cette princeffe,
crierent qu'on la fauvât : elle eut à peine le tems
de s'enfuir à demi-nue chez fon augufte époux (1).
Le garde qui avoit particuliérement favorifé fon
évafion, fut affommé à fa porte, dont il avoit
défendu l'entrée pendant quelque tems (2). Un
autre garde fut maffacré dans la grande falle : on
lui arracha les entrailles ; deux autres furent pris,
conduits aux cafernes, d'où on les fit fortir pour
leur couper la tête, qu'on promena dans les rues
de Verfailles & de Paris. Un autre garde, s'étant
trouvé entouré vers la cour de marbre, voulut fe
rendre ; voyant qu'après avoir pris fon moufque-
ton, l'on fe difpofe à le maffacrer, il fe met en
défenfe, & le fang que dans fes derniers inftans
il fait répandre à fes bourreaux, eft imputé à
crime au corps entier (3). M. le comte de Saint-

____

(1) Voyez la note A, à la fin.
(2) Voyez la note B, à la fin.
(3) *Ils ont là commis un crime*, me difoit, le 6 au matin,

Aulaire, de service auprès du dauphin, étoit accouru précipitamment le prendre dans ſes bras, & le porter chez le roi. Pluſieurs gardes, en défendant pied à pied les appartemens, juſqu'à celui du roi, reçoivent d'affreuſes bleſſures, ſans vouloir en faire ; & le ſang de ces généreuſes victimes ſe voit encore dans les appartemens, ſur les eſcaliers & dans les cours du château.

Enfin les grenadiers arrivent, quoiqu'un peu tard, devant le dernier retranchement des gardes ; ils diſent qu'ils viennent défendre le roi, demandent qu'on leur ouvre, donnent leur parole, font paſſer leurs bonnets aux gardes, qui, de l'ordre du roi, ouvrent, & capitulent ſur la foi militaire. Un moment après qu'ils ont dépoſé leurs armes, un officier national leur annonce *avec douleur* que la populace les deſtine à traîner le canon juſqu'à Paris, où elle eſpere les maſſacrer. Le roi, informé de cette atrocité, paroît à ſon balcon, demande la grace de ſes gardes ; on l'accorde ſur la promeſſe qu'il ira à Paris : M. de la Fayette embraſſe publiquement le maréchal-des-logis qui avoit fait la capitulation, & les furieuſes poiſſardes verſent des larmes d'atten-

---

un milicien de Verſailles, en parlant de l'homme tué *par ce garde*, & non par ceux qui étoient dans le château, comme on l'a voulu faire croire.

driſſement à l'aſpect de ce vénérable militaire ;
dont elles vouloient le ſang la minute d'avant (1).

Cependant la milice de Paris, qui avoit pris
poſſeſſion de l'hôtel des gardes, l'abandonnoit au
pillage. Le commandant de ce détachement con-
duiſoit au château, avec ſoixante hommes,
M. de Saint-Georges, aide-major, & quinze ou
vingt gardes : en traverſant l'hôtel, ils trouvent
une troupe de bandits, qui veut les noyer dans
l'abreuvoir ; le commandant pariſien leur per-
ſuade, au contraire, de leur ſervir d'eſcorte.
Arrivés dans la cour des miniſtres, les gardes
ſont entourés de la populace, qui veut leur couper la tête : on appelle le coupeur, qui étoit
occupé ailleurs. Cet homme, qui, avec une
grande hache, étoit chargé de ces exécutions,
porte une très-longue barbe, qui, lui couvrant
preſque toute la figure, ajoute encore à ſon atrocité : on la voyoit teinte du ſang des gardes qu'il
avoit décolés, & il mangeoit ſon pain, coupé
avec cette hache ſanglante. Cet homme n'arrivant pas, on ſe décide à pendre ces meſſieurs ;
& les cordes étoient prêtes, lorſqu'heureuſe-
ment quelqu'un ouvre l'avis de les pendre tous
enſemble à Paris ; *ce qui ſeroit bien plus beau.* On

---

(1) C'eſt M. de Mondolo, que Louis XV appelloit *ſon
beau garde.*

se disposoit à les y conduire, quand M. de la Fayette paroît, annonce qu'il vient de promettre au roi qu'on ne feroit plus de mal à ses gardes, ajoutant : *Si vous me faisiez manquer à ma parole d'honneur, je ne serois plus digne de vous commander.* Ces paroles eurent tout l'effet desiré (1).

Dans le même tems., plusieurs pelotons de ces brigands étoient successivement accourus à l'infirmerie des gardes, pour égorger tous les malades : on eut toutes les peines imaginables à les faire évader, par les fenêtres, sur les toits, d'où ils sauterent dans le couvent des religieuses de Saint-Augustin : les plus malades furent portés dans la salle des pauvres, tandis qu'avec de l'eau-de-vie & des liqueurs, la supérieure des filles de la charité amusoit les brigands, qui ne vouloient seulement (disoient-ils) que les têtes des gardes, pour les promener dans Paris. Leurs recherches furent vaines ; mais, satisfaits de la

---

(1) Un garde-françaife, qui tenoit alors M. de Saint-Georges, lui saute au cou, l'étouffe de caresses, & le prend sous sa protection : cependant cet homme avoit paru le plus acharné contre lui ; il avoit même répondu à cet officier, qui demandoit à parler à M. de la Fayette : *Vous êtes un plaisant faquin, pour parler à notre général.*

C'est ainsi que les gardes-françaises se sont montrés tour-à-tour humains & sanguinaires.

réception des sœurs, ils leur procurerent du pain, dont elles manquoient : il en étoit arrivé de Paris un convoi très-confidérable.

Il paroît certain que ce font les habitans de Verfailles qui ont conduit à l'infirmerie les brigands de Paris : ceux-ci ne devoient point la connoître ; elle eft à l'autre extrémité de la ville, très-éloignée de l'hôtel des gardes.

On reconduifit du château à l'hôtel, & de l'hôtel au château, meffieurs les gardes, tenus fous le bras par des grenadiers, qui avoient pris leurs chapeaux, leurs bandouilleres, & leur avoient donné leurs bonnets. Pendant la marche, le bruit de la moufqueterie ne difcontinuoit point ; ce qui effrayoit mortellement les perfonnes de Verfailles qui n'en favoient pas la caufe. C'eft dans cet équipage que les gardes traverferent deux fois la ville de Paris, pour accompagner jufqu'à l'Hôtel-de-ville, & de là jufqu'aux Tuileries, le monarque prifonnier, dont la voiture étoit entourée des bataillons preffés de fes anciens gardes-françaifes. Quelques-uns d'eux, il eft vrai, ont fauvé la vie à des gardes-du-corps ; ce qui, à mes yeux, entraîne la même obligation qu'on auroit à un homme parjure & féroce, qui, après vous avoir traîteufement livré à des entropophages, vous en

retireroit

retireroit avant qu'ils vous euſſent dévoré tout entier (1).

N'eſt-ce pas cette troupe que la révolution immortaliſe encore plus que ſes campagnes, qui a mis la famille royale dans le plus grand danger , qui a fait maſſacrer les gardes, en livrant l'entrée du palais de ſes rois à des brigands, en voyant leurs attentats ſans y mettre obſtacle, en les protégeant, au contraire ? Car, de bonne foi, peut-on ſe perſuader qu'une horde indiſciplinée & peu nombreuſe, à qui ces mêmes gardes-françaiſes en ont impoſé quand ils l'ont voulu, eût montré autant d'audace, ſi elle n'eût été ſûre d'un puiſſant ſoutien ? Pouvoit-elle eſpérer quelque ſuccès en attaquant Verſailles par un défilé bordé de maiſons, où le grand nombre ne pouvoit que gêner les évolutions , le ſervice de l'artillerie , où il pouvoit être aſſailli à la fois de tous les côtés , & où Paris entier eût ſuc-

____

(1) Cet article prouve aſſez que ce n'eſt point un garde-du-corps qui écrit cette relation; ces meſſieurs penſent trop bien pour ſe rendre coupables d'ingratitude. Je puis certifier n'en avoir vu aucun qui ne ſe louât des gardes-françaiſes; mais moi, qui ne connois ceux-ci que par des actions qui me ſont étrangeres, je dois leur rendre juſtice ſous tous les rapports.

Un de ceux qui prirent les poſtes dans la ſoirée du 5 , propoſa à un garde qu'il apperçut , *d'aller avec lui faire un tour ſur la place d'armes.*

combé fous les efforts de quelques mille hommes
bien déterminés ? Certainement, les vignes de
Poitiers n'offroient pas aux huit mille hommes
du prince Noir autant de reſſources pour une
défenſe, que l'avenue de Paris aux troupes du roi.
Les ſoixante mille hommes du roi Jean valoient
bien quinze ou vingt mille bourgeois, dont pluſieurs (*comme je l'ai vu*) avoient peine à tirer
les baguettes de leurs mouſquets ; & la gendar-
merie de ce roi brave, mais imprudent, valoit
bien les héros de la Baſtille.

Loin de s'oppoſer au déſordre, la milice de
Paris le favoriſa de tout ſon pouvoir ; elle livra
au pillage l'hôtel des gardes, qui s'y croyoient
en ſûreté. Pluſieurs voulurent s'échapper le matin, à l'approche des brigands ; on les tiroit
dans les rues ; on les pourſuivoit en tous lieux (1) ;
des miliciens de Paris prirent leurs chevaux,
leurs armes particulieres, pillerent leurs effets,
& donnoient ainſi l'exemple du brigandage, qu'ils
étoient faits pour réprimer. Un milicien de Paris
tira un coup de fuſil à l'armurier qui vouloit
souſtraire à ſes regards le fuſil d'un bourgeois
de Verſailles, & cela dans ſa chambre, en pré-
ſence de ſa femme, de ſes enfans ; quelques-uns
de ces miliciens, jettés à terre par les chevaux
qu'ils vouloient s'approprier, ont été percés, en

____

(1) Voyez la fin de la note B.

tombant, de leurs propres bayonnettes. Les brigands furent conduits à Verfailles par des miliciens dont on a fait l'éloge dans plufieurs
feuilles (1). Des miliciens de Paris couperent
les gardes qui avoient été tués, pour avoir des
lambeaux de leurs habits galonnés : & d'honnêtes
bourgeois de Paris m'ont certifié en avoir vu à
des miliciens.

Que d'horreurs ont encore fignalé ces af-
freufes journées! Je ne vous les dépeindrai pas;
car il n'eft point de termes honnêtes pour les
exprimer (2).

Par quelle fatalité ce qui faifoit l'efpérance
de l'empire français, ce qui devoit en fermer
les plaies, les a-t-il rendues prefqu'incurables?
Comment ce qui devoit le faire profpérer eft-il
devenu deftructif de toute profpérité? Ce qui
devoit affurer l'ordre, a t-il enfanté tous les dé-
fordres de la plus cruelle anarchie? Ce qui devoit
régénérer jufqu'aux mœurs d'un grand peuple,
a-t-il au contraire détruit jufqu'au caractere national? C'eft donc ce roi citoyen, bienfaifant,
proclamé à fi jufte titre *le reftaurateur de la liberté*

______

(1) J'en poffede encore une, fignée *Cheret*, qui célebre
les fieurs Hullin & Maillard, volontaires de la Baftille.

(2) Les femmes fur-tout fe diftinguerent par une re-
cherche de cruautés inouies. Les brigands qui portoient
les têtes des gardes, forcerent à Sèves un perruquier de
leur mettre des papillotes, & de les frifer.

française, qui feul en eft privé dans fon royaume, lorfqu'il la donne lui-même à vingt-cinq millions d'hommes ! Ses bienfaits envers la nation font donc devenus les armes dont on fe fert pour l'accabler ! Le pouvoir dont il s'eft volontaire-ment dépouillé, ne fert donc qu'à lui ravir le premier, le plus facré des droits de l'homme, publié avec tant d'oftentation ! C'eft donc lui que, dans l'ivreffe de leurs honteux fuccès, des fujets parjures, ingrats, entraînent prifonniers fes fideles gardes, à pied & défarmés ; comme pour orner leur coupable triomphe ! Et, pour comble d'humiliation, on l'environne des traîtres qui l'ont abandonné, des infâmes auteurs de fa captivité, de ces lâches & infolens vainqueurs, qui ne le gardent que pour leur fûreté perfon-nelle, & mettent le comble aux crimes dont ils fe glorifient, pour en éviter le jufte châti-ment (1) !

Si ces fcenes du mois de juillet ont révolté toutes les ames honnêtes, quel effet doivent donc produire les attentats fur la famille royale, les forfaits commis fur les plus fideles fujets du plus aimé des rois ? Qu'on ne me vante plus notre civilifation. Quand les Sauvages les plus bar-

______

(1) S'ils avoient l'ambition de garder le roi, pourquoi l'abandonnerent-ils fans aucun prétexte après la premiere révolution.

bares font la guerre à leurs plus cruels ennemis,
s'ils immolent leurs prifonniers, ce n'eft qu'en
offrande à leurs dieux, ou pour en faire leurs
repas ; & nous, au dix-huitieme fiecle, nous
furpaffons les Cannibales en férocité, & une
partie de la capitale applaudit à nos crimes, les
érige en vertus dans fes journaux, tandis que
l'autre, retenue par une froide indifférence,
ne fuit pas avec horreur le voifinage de tels
monftres !

N O T E S.

(A.) Si ces jours de crimes en ont vu naître d'inconnus
jufqu'alors, ils ont donné lieu au développement des plus
héroïques vertus. Sur les clameurs non équivoques du peuple,
on avoit preffé, dès le 5, la reine de partir avec le dauphin :
mille moyens s'offroient pour la faire fûrement évader ; elle
déclara ne vouloir point quitter le roi, préférant mourir à
fes pieds. Cependant elle n'ignoroit pas que c'étoit contre
elle..... Ecartons ces horribles images, pour nous arrêter fur
cette courageufe fermeté, bien au-deffus de nos éloges : que
le fentiment qui la fortifioit eft fublime ! qu'il eft bien fait
pour éclairer & ramener des cœurs égarés par une aveugle
prévention ! Je ne fuis & ne ferai vraifemblablement jamais
connu de cette princeffe ; j'avouerai même que, dans mon
ignorance, j'avois peut-être cédé à des fentimens peu réfléchis,
qu'on a trop voulu lui faire partager avec les perfonnes qui
l'entouroient ; mais je ne puis écrire cet article fans verfer
des larmes.

(B.) C'eft M. de Miomandre de Sainte-Marie, fauvé
comme par miracle ; ce qu'il éprouva dans cette circonflance,
feroit croire à la prédeftination, pour peu qu'on y fût difpofé. De fervice à la grande falle, il court dans celle de la
reine, que les brigands avoient forcée, dégage d'entre leurs
mains M. du Repaire, fon camarade, qu'ils maffacroient :

loin de songer à mettre ses jours en sûreté, M. de Sainte-Marie vole à la porte de la reine, où les meurtriers se portoient avec rage, annonçant leurs criminels desseins par les plus horribles imprécations ; il s'expose à toute leur fureur pour favoriser la retraite de cette princesse. Jetté par terre de plusieurs coups, après en avoir paré un grand nombre, il voit un homme en habit bleu, paremens rouges, un milicien de Versailles, dont les traits sont bien gravés dans sa mémoire, prendre son fusil à deux mains, & lui décharger sur la tête un coup si terrible, que la crosse en fut cassée, & que le chien du mousquet lui entra dans le crâne. Le milicien le croit mort, lui vole sa bourse & sa montre. Quand les brigands furent sortis de l'appartement de la reine (1), M. de Sainte-Marie, qui n'avoit jamais perdu connoissance, se releve, veut se sauver, essuie en gagnant l'œil-de bœuf quatre coups de fusil tirés de fort près, qui n'atteignirent que son habit & son chapeau ; il traverse la galerie, les appartemens, descend au dessous, sous la chapelle, dans une cuisine, où il lave ses plaies, demande une chaise pour se faire porter à l'infirmerie : arrivé au poste des suisses, la sentinelle ne veut pas le laisser sortir, crainte qu'il ne soit égorgé ; il quitte la chaise, revient à la cuisine, ne peut y pénétrer, entend venir les brigands, cherche un autre refuge contre la fureur populaire, gagne un réduit obscur près d'une cave, & se dispose à y mourir. Environ deux heures après, un cuisinier de M. de Mouchy le découvre, avertit deux officiers de ce maréchal, qui lui procurent tous les secours nécessaires. Il y avoit alors environ six heures qu'il étoit blessé : on a désespéré de sa vie pendant assez long-tems.

Est-il concevable qu'après des coups aussi dangereux, M. de Sainte-Marie ait pu conserver sa connoissance, ses forces, malgré l'abondance du sang qu'il perdoit ; échapper aux coups de fusil, faire les différentes courses dont nous venons de rendre compte ; enfin, conserver des jours chers à des français, s'il en reste encore, & à tout homme fait pour apprécier ce fidele & courageux dévouement ?

L'action du chevalier d'Assas, si justement célebre, a pénétré toutes les ames honnêtes, & malheur à qui pourroit en entendre froidement le récit : le dévouement de M. de

____

(1) On assure que le premier qui y entra, courut ouvrir avec sa pique les rideaux de son lit.

(39)

Miomandre n'est pas moins héroïque ; comme le chevalier d'Assas, il a vu une mort inévitable ; comme lui il l'a bravée, pouvant se sauver à deux différentes fois sans montrer de la foiblesse ; il fait le sacrifice de sa vie pour voler à la défense d'un poste qui n'étoit pas le sien. Si l'on veut se dépouiller d'une odieuse prévention, & considérer mûrement les conséquences que l'une & l'autre action ont pu prévenir, certainement la comparaison ne peut être au désavantage de M. de Miomandre. Aujourd'hui, que l'on parle tant d'honneur national, il a prévenu un crime qui, indépendamment de ses suites funestes & inévitables, auroit transmis la honte de la nation à la postérité la plus reculée : les partis les plus opposés ne peuvent avoir qu'une opinion à cet égard.

M. Desmiers, de la compagnie écossaise, nous offre encore un exemple en ce genre. Après avoir été exposé le 5 aux coups de fusil, le 6 au matin il fut forcé de quitter l'hôtel, par les mauvais procédés des miliciens qui s'en étoient emparés ; il veut rejoindre ses camarades au château dans l'instant où l'on venoit de les massacrer ; il traverse une populace sanguinaire, dont partie vouloit le tuer, l'autre lui faire grace ; il passe près des corps mutilés de ses camarades, arrive dans la cour des ministres ; un homme lui appuie son fusil sur le côté, & lui passe trois balles dans le corps : elles n'ont fait qu'une même plaie, & lui ont cassé une côte. On le porte au logement des officiers suisses ; la populace le suit à la trace de son sang, le demande pour s'assurer qu'il est bien mort : on est obligé de le déguiser pour le soustraire aux furieux. N'est-il pas également étonnant qu'il survive à ce coup terrible, & qu'il ait fait le long trajet de l'hôtel au château, au milieu des brigands qui massacroient ses camarades, sans l'être lui-même ?

On n'oseroit faire ce récit, tant il a l'air fabuleux, s'il n'étoit appuyé de preuves les plus authentiques, & sur-tout par l'existence de ces messieurs, dont j'ai vu les blessures.

(C.) Que d'absurdes calomnies on a débitées au sujet de ce repas ! Les gardes ne l'avoient donné, disoit-on, qu'à l'instigation de leurs officiers, d'après des ordres secrets de la reine, qui en faisoit les frais. Des gens, *se disant très-instruits à cet égard*, m'ont dit très-sérieusement que chaque garde avoit reçu six louis ; ce qui feroit sept mille deux cents louis : somme bien suffisante pour régaler cent-cinquante militaires. *Il est de fait* que les gardes n'ont point voulu que leurs officiers payassent au prorata de leurs appointemens, mais comme

fimples gardes : ils eurent même de la peine à obtenir de
payer leur écot.

(D.) Il eſt dégoûtant de n'avoir à réfuter qu'un tas d'ab-
ſurdités groſſiérement tiſſues, malignement propagées, par
cela même plus généralement accrédités. Ceux (& le nombre
en eſt conſidérable) qui voient toujours des cauſes où il n'y
a que des prétextes, s'obſtinent à dire qu'on eſt venu prendre
le roi parce qu'il devoit ſe rendre à Metz : on cite en preuve
l'arrivée du régiment de Flandres, oubliant qu'il ne vint que
ſur la demande de la municipalité, approuvée de l'aſſemblée
nationale ; que ce régiment ne pouvoit prendre la poſte pour
ſuivre le roi ; & qu'on l'auroit au contraire placé loin du
centre de la corruption, à quelques journées de Verſailles,
où ſa majeſté auroit été le joindre, dans la ſuppoſition de ce
prétendu voyage.

On feint d'oublier encore que la plupart des gardes-du-
corps dont le ſervice avoit fini au mois d'octobre, étoient
partis ; que les autres partoient journellement ; & que ſi le
projet d'aller à Metz eût exiſté, on les auroit retenus pour
accompagner le roi, préférablement à l'infanterie M. de Sa-
voñieres, dont le ſervice étoit fini, partoit à l'inſtant même
où les poiſſardes arriverent ; ſon zele le retint. Il eſt ſuper-
flu de dire combien les ames honnêtes & ſenſibles ont vivement partagé ſes maux : puiſſe cette idée conſolante en dimi-
nuer l'amertume !

Mais les voitures étoient parties........ Hé, oui, elles
l'étoient ; elles allerent même juſque dans la rue de l'Oran-
gerie ; mais à quelle époque ?..... le 6 à 8 heures du ſoir ?
lorſque Paris eut vomit ſur Verſailles tous les brigands dont
il eſt l'affreux réceptacle. Mais lorſqu'on eut la certitude de
leur abominable projet, & que les janiſſaires, les volontaires pariſiens, au nombre de vingt mille hommes, s'avan-
çoient avec vingt-cinq ou trente pieces de canon, pour ſou-
tenir cet horrible avant-garde. Eſt-il donc étonnant qu'alors
les perſonnes attachées à la famille royale, aient voulu la
ſouſtraire aux dangers dont elle n'eſt échappée que par une
eſpece de miracle ? N'eſt-il pas évident que s'il y avoit eu un
projet de départ, on n'auroit pas attendu ſi tard pour l'exécuter ? Que de prétextes le monarque avoit pour s'éloigner
d'une capitale continuellement menaçante, & dont les premiers attentats ne pouvoient laiſſer de doute ſur tout ce dont
elle étoit capable !

F I N.